外国企业常驻代表机构
登记管理条例

中国法制出版社

目　录

中华人民共和国国务院令（第777号）………（1）

国务院关于修改和废止部分行政法规的决定

　（节录）……………………………………（2）

外国企业常驻代表机构登记管理条例…………（4）

中华人民共和国国务院令

第 777 号

《国务院关于修改和废止部分行政法规的决定》已经2024年2月2日国务院第25次常务会议通过，现予公布，自2024年5月1日起施行。

总理　李强

2024年3月10日

国务院关于修改和废止部分行政法规的决定（节录）

为贯彻落实党的二十大和二十届二中全会精神，落实党和国家机构改革精神，完整、准确、全面贯彻新发展理念，加快构建新发展格局，着力推动高质量发展，国务院对涉及的行政法规进行了清理。经过清理，国务院决定：

一、对 8 部行政法规的部分条款予以修改。（附件 1）

二、对 13 部行政法规予以废止。（附件 2）

本决定自 2024 年 5 月 1 日起施行。

附件：1. 国务院决定修改的行政法规
　　　2. 国务院决定废止的行政法规

附件 1

国务院决定修改的行政法规（节录）

……

五、将《外国企业常驻代表机构登记管理条例》第三十三条第一款第三项中的"海关、外汇部门出具的相关事宜"修改为"海关出具的相关事宜"。

……

此外，对相关行政法规中的条文序号作相应调整。

外国企业常驻代表机构登记管理条例

(2010年11月19日中华人民共和国国务院令第584号公布 根据2013年7月18日《国务院关于废止和修改部分行政法规的决定》第一次修订 根据2018年9月18日《国务院关于修改部分行政法规的决定》第二次修订 根据2024年3月10日《国务院关于修改和废止部分行政法规的决定》第三次修订)

第一章 总 则

第一条 为了规范外国企业常驻代表机构的设立及其业务活动,制定本条例。

第二条　本条例所称外国企业常驻代表机构（以下简称代表机构），是指外国企业依照本条例规定，在中国境内设立的从事与该外国企业业务有关的非营利性活动的办事机构。代表机构不具有法人资格。

第三条　代表机构应当遵守中国法律，不得损害中国国家安全和社会公共利益。

第四条　代表机构设立、变更、终止，应当依照本条例规定办理登记。

外国企业申请办理代表机构登记，应当对申请文件、材料的真实性负责。

第五条　省、自治区、直辖市人民政府市场监督管理部门是代表机构的登记和管理机关（以下简称登记机关）。

登记机关应当与其他有关部门建立信息共享机制，相互提供有关代表机构的信息。

第六条　代表机构应当于每年3月1日至6月30日向登记机关提交年度报告。年度报告的内容包括外国企业的合法存续情况、代表机构的业务活动开展情况及其经会计师事务所审计的费用收支情况等相关情况。

第七条 代表机构应当依法设置会计账簿，真实记载外国企业经费拨付和代表机构费用收支情况，并置于代表机构驻在场所。

代表机构不得使用其他企业、组织或者个人的账户。

第八条 外国企业委派的首席代表、代表以及代表机构的工作人员应当遵守法律、行政法规关于出入境、居留、就业、纳税、外汇登记等规定；违反规定的，由有关部门依照法律、行政法规的相关规定予以处理。

第二章 登记事项

第九条 代表机构的登记事项包括：代表机构名称、首席代表姓名、业务范围、驻在场所、驻在期限、外国企业名称及其住所。

第十条 代表机构名称应当由以下部分依次组

成：外国企业国籍、外国企业中文名称、驻在城市名称以及"代表处"字样，并不得含有下列内容和文字：

（一）有损于中国国家安全或者社会公共利益的；

（二）国际组织名称；

（三）法律、行政法规或者国务院规定禁止的。

代表机构应当以登记机关登记的名称从事业务活动。

第十一条 外国企业应当委派一名首席代表。首席代表在外国企业书面授权范围内，可以代表外国企业签署代表机构登记申请文件。

外国企业可以根据业务需要，委派1至3名代表。

第十二条 有下列情形之一的，不得担任首席代表、代表：

（一）因损害中国国家安全或者社会公共利益，被判处刑罚的；

（二）因从事损害中国国家安全或者社会公共利益等违法活动，依法被撤销设立登记、吊销登记证或者被有关部门依法责令关闭的代表机构的首席代表、代表，自被撤销、吊销或者责令关闭之日起未逾5年的；

（三）国务院市场监督管理部门规定的其他情形。

第十三条 代表机构不得从事营利性活动。

中国缔结或者参加的国际条约、协定另有规定的，从其规定，但是中国声明保留的条款除外。

第十四条 代表机构可以从事与外国企业业务有关的下列活动：

（一）与外国企业产品或者服务有关的市场调查、展示、宣传活动；

（二）与外国企业产品销售、服务提供、境内采购、境内投资有关的联络活动。

法律、行政法规或者国务院规定代表机构从事前款规定的业务活动须经批准的，应当取得批准。

第十五条 代表机构的驻在场所由外国企业自行选择。

根据国家安全和社会公共利益需要，有关部门可以要求代表机构调整驻在场所，并及时通知登记机关。

第十六条 代表机构的驻在期限不得超过外国企业的存续期限。

第十七条 登记机关应当将代表机构登记事项记载于代表机构登记簿，供社会公众查阅、复制。

第十八条 代表机构应当将登记机关颁发的外国企业常驻代表机构登记证（以下简称登记证）置于代表机构驻在场所的显著位置。

第十九条 任何单位和个人不得伪造、涂改、出租、出借、转让登记证和首席代表、代表的代表证（以下简称代表证）。

登记证和代表证遗失或者毁坏的，代表机构应当在指定的媒体上声明作废，申请补领。

登记机关依法作出准予变更登记、准予注销登记、撤销变更登记、吊销登记证决定的，代表机构原登记证和原首席代表、代表的代表证自动失效。

第二十条 代表机构设立、变更，外国企业应当在登记机关指定的媒体上向社会公告。

代表机构注销或者被依法撤销设立登记、吊销登记证的，由登记机关进行公告。

第二十一条　登记机关对代表机构涉嫌违反本条例的行为进行查处,可以依法行使下列职权:

(一)向有关的单位和个人调查、了解情况;

(二)查阅、复制、查封、扣押与违法行为有关的合同、票据、账簿以及其他资料;

(三)查封、扣押专门用于从事违法行为的工具、设备、原材料、产品(商品)等财物;

(四)查询从事违法行为的代表机构的账户以及与存款有关的会计凭证、账簿、对账单等。

第三章　设立登记

第二十二条　设立代表机构应当向登记机关申请设立登记。

第二十三条　外国企业申请设立代表机构,应当向登记机关提交下列文件、材料:

(一)代表机构设立登记申请书;

(二)外国企业住所证明和存续2年以上的合法营业证明;

（三）外国企业章程或者组织协议；

（四）外国企业对首席代表、代表的任命文件；

（五）首席代表、代表的身份证明和简历；

（六）同外国企业有业务往来的金融机构出具的资金信用证明；

（七）代表机构驻在场所的合法使用证明。

法律、行政法规或者国务院规定设立代表机构须经批准的，外国企业应当自批准之日起90日内向登记机关申请设立登记，并提交有关批准文件。

中国缔结或者参加的国际条约、协定规定可以设立从事营利性活动的代表机构的，还应当依照法律、行政法规或者国务院规定提交相应文件。

第二十四条　登记机关应当自受理申请之日起15日内作出是否准予登记的决定，作出决定前可以根据需要征求有关部门的意见。作出准予登记决定的，应当自作出决定之日起5日内向申请人颁发登记证和代表证；作出不予登记决定的，应当自作出决定之日起5日内向申请人出具登记驳回通知书，说明不予登记的理由。

登记证签发日期为代表机构成立日期。

第二十五条 代表机构、首席代表和代表凭登记证、代表证申请办理居留、就业、纳税、外汇登记等有关手续。

第四章 变更登记

第二十六条 代表机构登记事项发生变更,外国企业应当向登记机关申请变更登记。

第二十七条 变更登记事项的,应当自登记事项发生变更之日起60日内申请变更登记。

变更登记事项依照法律、行政法规或者国务院规定在登记前须经批准的,应当自批准之日起30日内申请变更登记。

第二十八条 代表机构驻在期限届满后继续从事业务活动的,外国企业应当在驻在期限届满前60日内向登记机关申请变更登记。

第二十九条 申请代表机构变更登记,应当提交代表机构变更登记申请书以及国务院市场监督管理部门规定提交的相关文件。

变更登记事项依照法律、行政法规或者国务院规定在登记前须经批准的，还应当提交有关批准文件。

第三十条　登记机关应当自受理申请之日起10日内作出是否准予变更登记的决定。作出准予变更登记决定的，应当自作出决定之日起5日内换发登记证和代表证；作出不予变更登记决定的，应当自作出决定之日起5日内向申请人出具变更登记驳回通知书，说明不予变更登记的理由。

第三十一条　外国企业的有权签字人、企业责任形式、资本（资产）、经营范围以及代表发生变更的，外国企业应当自上述事项发生变更之日起60日内向登记机关备案。

第五章　注销登记

第三十二条　有下列情形之一的，外国企业应当在下列事项发生之日起60日内向登记机关申请注销登记：

（一）外国企业撤销代表机构；

（二）代表机构驻在期限届满不再继续从事业务活动；

（三）外国企业终止；

（四）代表机构依法被撤销批准或者责令关闭。

第三十三条 外国企业申请代表机构注销登记，应当向登记机关提交下列文件：

（一）代表机构注销登记申请书；

（二）代表机构税务登记注销证明；

（三）海关出具的相关事宜已清理完结或者该代表机构未办理相关手续的证明；

（四）国务院市场监督管理部门规定提交的其他文件。

法律、行政法规或者国务院规定代表机构终止活动须经批准的，还应当提交有关批准文件。

第三十四条 登记机关应当自受理申请之日起10日内作出是否准予注销登记的决定。作出准予注销决定的，应当自作出决定之日起5日内出具准予注销通知书，收缴登记证和代表证；作出不予注销登记决定的，应当自作出决定之日起5日内向申请人出具注销登记驳回通知书，说明不予注销登记的理由。

第六章　法律责任

第三十五条　未经登记，擅自设立代表机构或者从事代表机构业务活动的，由登记机关责令停止活动，处以5万元以上20万元以下的罚款。

代表机构违反本条例规定从事营利性活动的，由登记机关责令改正，没收违法所得，没收专门用于从事营利性活动的工具、设备、原材料、产品（商品）等财物，处以5万元以上50万元以下罚款；情节严重的，吊销登记证。

第三十六条　提交虚假材料或者采取其他欺诈手段隐瞒真实情况，取得代表机构登记或者备案的，由登记机关责令改正，对代表机构处以2万元以上20万元以下的罚款，对直接负责的主管人员和其他直接责任人员处以1000元以上1万元以下的罚款；情节严重的，由登记机关撤销登记或者吊销登记证，缴销代表证。

代表机构提交的年度报告隐瞒真实情况、弄虚作假的，由登记机关责令改正，对代表机构处以2万元以上20万元以下的罚款；情节严重的，吊销登记证。

伪造、涂改、出租、出借、转让登记证、代表证的，由登记机关对代表机构处以1万元以上10万元以下的罚款；对直接负责的主管人员和其他直接责任人员处以1000元以上1万元以下的罚款；情节严重的，吊销登记证，缴销代表证。

第三十七条　代表机构违反本条例第十四条规定从事业务活动以外活动的，由登记机关责令限期改正；逾期未改正的，处以1万元以上10万元以下的罚款；情节严重的，吊销登记证。

第三十八条　有下列情形之一的，由登记机关责令限期改正，处以1万元以上3万元以下的罚款；逾期未改正的，吊销登记证：

（一）未依照本条例规定提交年度报告的；

（二）未按照登记机关登记的名称从事业务活动的；

（三）未按照中国政府有关部门要求调整驻在场所的；

（四）未依照本条例规定公告其设立、变更情况的；

（五）未依照本条例规定办理有关变更登记、注销登记或者备案的。

第三十九条 代表机构从事危害中国国家安全或者社会公共利益等严重违法活动的，由登记机关吊销登记证。

代表机构违反本条例规定被撤销设立登记、吊销登记证，或者被中国政府有关部门依法责令关闭的，自被撤销、吊销或者责令关闭之日起5年内，设立该代表机构的外国企业不得在中国境内设立代表机构。

第四十条 登记机关及其工作人员滥用职权、玩忽职守、徇私舞弊，未依照本条例规定办理登记、查处违法行为,或者支持、包庇、纵容违法行为的,依法给予处分。

第四十一条 违反本条例规定,构成违反治安管理行为的,依照《中华人民共和国治安管理处罚法》的规定予以处罚;构成犯罪的,依法追究刑事责任。

第七章 附　　则

第四十二条 本条例所称外国企业,是指依照外国法律在中国境外设立的营利性组织。

第四十三条 代表机构登记的收费项目依照国务院财政部门、价格主管部门的有关规定执行,代表机构登记的收费标准依照国务院价格主管部门、财政部门的有关规定执行。

第四十四条 香港特别行政区、澳门特别行政区和台湾地区企业在中国境内设立代表机构的,参照本条例规定进行登记管理。

第四十五条 本条例自 2011 年 3 月 1 日起施

行。1983年3月5日经国务院批准,1983年3月15日原国家工商行政管理局发布的《关于外国企业常驻代表机构登记管理办法》同时废止。

外国企业常驻代表机构登记管理条例
WAIGUO QIYE CHANGZHU DAIBIAO JIGOU DENGJI GUANLI TIAOLI

经销/新华书店
印刷/鸿博睿特（天津）印刷科技有限公司
开本/850 毫米×1168 毫米　32 开　　　　　　　印张/0.75　字数/7 千
版次/2024 年 4 月第 1 版　　　　　　　　　　　2024 年 4 月第 1 次印刷

中国法制出版社出版
书号 ISBN 978-7-5216-4448-7　　　　　　　　　定价：5.00 元

北京市西城区西便门西里甲 16 号西便门办公区
邮政编码：100053　　　　　　　　　传真：010-63141600
网址：http：//www.zgfzs.com　　　编辑部电话：010-63141673
市场营销部电话：010-63141612　　印务部电话：010-63141606

（如有印装质量问题，请与本社印务部联系。）